Knud Eike Buchmann

Erfolgreich durchs Leben!

Ratgeber Lebenshilfe

Knud Eike Buchmann

Erfolgreich durchs Leben!

Bildnachweis:
Umschlag: links: C. Palma; rechts oben: G. Hettler; rechts unten: L. Lenz
Innenteil: S. 9, 28, 37 unten: P. Santor; S. 13 oben: K. Scholz; S. 13 unten: Hermann Kälbel; S. 16: R. Kemmether; S. 17: A. Pohl SCJ; S. 21: G. Gölz; S. 25 oben: K.-B. Kertscher; S. 25 unten: Großkopf/Geduldig; S. 29: C. Palma; S. 33: Mauzy/IFA-Bilderteam; S. 37 oben: Sittig; S. 40: K. Radtke; S. 41: B. zur Bonsen; S. 45: G. Weissing

Die Deutsche Bibliothek – CIP-Einheitsaufnahme

Buchmann, Knud Eike:
Erfolgreich durchs Leben! / Knud Eike Buchmann. – Lahr : SKV-Ed., 1997
  (Ratgeber Lebenshilfe ; Bd. 94401)
  ISBN 3-8256-4401-4
NE: GT

ISBN 3-8256-4401-4
Ratgeber Lebenshilfe 94401
© 1997 by SKV-EDITION, Lahr
Gesamtherstellung: St.-Johannis-Druckerei, 77922 Lahr
Printed in Germany 4971/1997

EINLEITUNG

> »Junge Leute reden von dem,
>   was sie tun.
> Alte von dem,
>   was sie getan haben,
> und Narren von dem,
>   was sie tun wollen.«
>   (Französisches Sprichwort)

Erfolgreiche Menschen sind Junge, Alte und Narren z u g l e i c h ! Sie haben eigentlich immer ein recht konkretes Ziel vor ihrem geistigen Auge – das weist in die Zukunft. Sie haben aber auch Zugang zu ihrer Leistung in der Vergangenheit: Erfolg geht letztlich immer auf erbrachte Leistungen, die nicht unbedingt Anstrengungen sein müssen, zurück. Wie Früchte fallen Tüchtigen Ergebnisse ihrer Arbeit vor langer Zeit zu. Dagegen ist der »zufällige« Gewinn oder das Finden einer großartigen Lösung eines Problems nur in den seltensten Fällen E r f o l g , es ist Glück! Die häufigste Ursache von Erfolg aber ist und bleibt Leistung!

Zugleich haben aber Erfolgreiche auch ein gutes Verhältnis zur Gegenwart: Sie schieben eben nicht alles bis zur letzten Minute auf, sondern sind »hier und jetzt« spielerisch dabei, den Erfolg von morgen zu gestalten. Dabei vermeiden sie krampfhafte Anstrengungen: Mit der berühmten

»Brechstange« wird man kaum schwierige Problemlagen längerfristig erfolgreich bewältigen; nur wer relativ mühelos, ausdauernd und gern »arbeitet«, wird auch erfolgreich sein. Dabei ist es auch wichtig, sich etwas zuzutrauen: Erfolgreiche glauben an sich und sind von ihrem Vorgehen überzeugt. Es steckt eine große Energie in ihnen – und sie verbinden die Gegenwart mit der Zukunft unter anderem dadurch, daß sie tief in sich selber wissen, daß das vorgestellte Ziel erreichbar ist.

Wenn einem das, was man tut, gelingt, erlebt man Erfolg. Es wird wohl niemand leugnen, daß wir für unser Tun oft bestimmte (eben erfolgreiche!) Strategien einsetzen, um ein gutes Ergebnis zu erzielen. Solche Vorgehensweisen kann man von Erfolgreichen lernen. Dabei sollten wir nicht den Fehler machen, daß wir glauben, andere Menschen kopieren zu können: Wir müssen unseren eigenen Stil finden. Darum soll es bei den folgenden Gedanken gehen.

ERFOLG – WAS IST DAS?

Menschen möchten erfolgreich – sie möchten »reich an Erfolg« sein … Was ist das eigentlich? Das ist schon die Grundfrage! Was versteht jeder einzelne unter »Erfolg«?
Umfrageergebnisse nennen:

– Anerkennung bei anderen Menschen; Beliebtheit
– Wohlstand und finanzielles Auskommen
– Unabhängigkeit
– Stolz auf eigene Leistung

Der Begriff Erfolg ist also sehr schillernd; jeder möchte erfolgreich sein – aber jeder versteht wohl etwas anderes darunter. In einer Sache Erfolg zu haben ist aber nicht gleichbedeutend damit, auch als Mensch erfolgreich zu sein! Gibt es doch durchaus auch »erfolgreiche« Attentäter; Politiker, die sich skrupellos an der Macht hielten – und gab es doch auch überaus »erfolgreiche« Tötungsmaschinerien in Konzentrationslagern …
Erfolg wird sehr unterschiedlich gemessen: Hat es jemand zu etwas gebracht, kann sich jemand etwas leisten, hat er/sie eine überragende Leistung erbracht, wird er/sie von Experten besonders hoch eingeschätzt? Es wird deutlich, daß der Maßstab einen wichtigen, vielleicht den wich-

tigsten Aspekt überhaupt darstellt. Gab es nicht immer Menschen, besonders Künstler, deren »Wert« man erst nach ihrem Tode erkannte? So ist in unserer schnellebigen Gesellschaft oft der sehr rasche, kurzfristige Erfolg gefragt – der wirkliche Erfolg dürfte aber sicherlich längerfristig gültigen Maßstäben gehorchen.

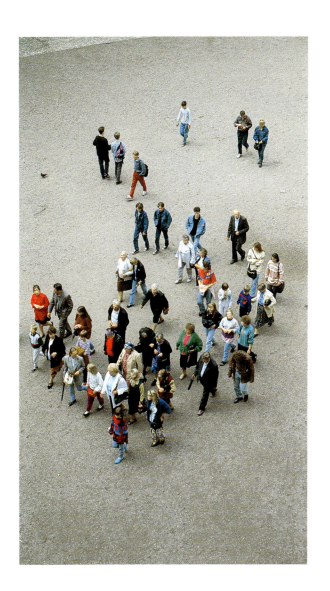

WIE IST IHR »ERFOLGS-ERLEBEN«?

Natürlich kann man andere Menschen fragen, ob Sie mich für »erfolgreich« halten … Aber letztlich geht es immer darum, wie man sich selber sieht und erlebt. Es ist in der Tat in allererster Linie von der Einstellung und den Gedanken des einzelnen selber abhängig, ob man erfolgreich oder eher erfolglos ist.

Viele Menschen machen den Fehler, daß sie Ausstrahlung, Kontaktfähigkeit, Konzentrationsvermögen … und Erfolg eher als angeboren betrachten (»Man hat's oder man hat's eben nicht!«).

Richtig ist, daß diese menschlichen Eigenschaften – auf der Grundlage gewisser genetischer Voraussetzungen – gelernt und ausgebildet werden können (und müssen). Dazu ist – für den erlebten Erfolg – die Einstellung bedeutsam, erfolgreich sein zu wollen.

Was also verstehen Sie unter Erfolg?

Einige Angebote, die zugleich die Kriterien der sogenannten Erfolgreichen sind, sollen hier zur Auswahl gestellt werden:

Ich erlebe mich als erfolgreich, wenn ich …

…mich selber in meinen Stärken und Schwächen aushalten kann,

… mich auf veränderte Zustände relativ rasch und konstruktiv einstellen kann,

… mich selber nicht ständig und überall im Mittelpunkt sehe, sondern gestellte Aufgaben befriedigend und gut erledigen kann,

… über das nötige Wissen und Können verfüge, um Einfluß ausüben zu können,

… handlungsfähig bin und mich nicht als »Opfer der Umstände« ergebe,

… über meine Sinne verfügen kann und mich als geistig-seelisch gesund empfinde,

… befriedigende und gute Beziehungen herstellen, ausbauen und kultivieren kann,

… Interessen und Vorlieben habe und befriedigend verfolgen kann,

… wirtschaftlich relativ unabhängig bin,

… meine (diversen) Ängste kontrollieren kann,

… allein oder im Team eine Leistung konzentriert und effizient zu einem guten Abschluß zu bringen vermag,

… für andere Menschen attraktiv bin,

… zu mir selber ehrlich sein kann, will und bin,

… der Meinung bin, daß mir mein tägliches Leben überwiegend gelingt,

… Mut gezeigt habe – auch wenn es sich einmal nicht für mich »gelohnt« hat …

Wenn Sie jetzt sagen bzw. denken, daß Sie nun zwar wissen, was für Sie Erfolg ist, Sie sich aber trotzdem nicht als erfolgreich erleben, dann wollen wir in einem zweiten Schritt mögliche Blockierungen aufdecken.

WAS HINDERT MICH, ERFOLGREICH ZU SEIN?

Unklarheit der Ziele

Möglicherweise »verzetteln« Sie sich. Ihre Ziele sind nicht klar formuliert oder zu »groß« … Es ist eine besondere Fähigkeit, die jeweils »richtigen« Ziele zu formulieren und sie gegebenenfalls im Laufe der Zeit bedingt zu ändern. Wer nicht klar definierte und eng umschriebene Ziele formuliert, neigt wahrscheinlich dazu, die zur Verfügung stehende Energie zu »verplempern«. Es fehlt dann an Konzentration.

Mangelndes Selbstvertrauen und geringe Selbstachtung

Wenn es vorhin um das »Was will ich eigentlich?« ging, so geht es jetzt um das »Wie kann ich es erreichen?« Wir haben alle sehr viel Kraft – sogar Kränkelnde und Alte verfügen über unglaubliche Energien, wenn sie nur wollen und wissen, wofür. Wer sich wenig oder gar nichts zutraut, wird keinen Erfolg haben, weil er eben keine Energien mobilisieren kann. Wer sich andererseits zuviel zumutet, wird mit großer Wahrscheinlichkeit auch scheitern. Sich »trauen«, etwas Neues, Unbekanntes zu versuchen (und ohne zuviel Zweifel dann auch alle Energie darauf zu verwenden), ist ein wichtiger Schritt zum Erfolg.

Wer oft denkt oder sagt: »Das kann ich nicht«, »Das habe ich noch nie gemacht«, »Dazu bin ich zu alt«, »Dafür müßte ich klüger sein«, programmiert sich auf Mißerfolg.

Bitte überprüfen Sie, ob solche Äußerungen eigentlich nur Ausreden sind: Sie spüren, daß Sie schon könnten – aber Sie zögern, weil Sie fürchten, daß es entweder doch »schiefgeht« oder aber eine gewisse Anstrengung bedeutet? Auch dazu später mehr.

Bei allem, was wir tun, erleben wir gleichzeitig zweierlei: Wir wünschen uns Erfolg und fürchten uns vor dem Versagen. Erfolgreiche Menschen erleben immer mehr Hoffnung auf Erfolg als Furcht vor Mißerfolg. Es ist die Einstellung zu sich selber, die den Erfolg begünstigt bzw. behindert. Jeder Mißerfolg schädigt die Selbstachtung – und jeder Erfolg stabilisiert das gute Gefühl für einen selber. (Es geht hier nicht um Überheblichkeit oder Selbstgefälligkeit!)

Falsche Ansprüche

Neben mangelndem Zutrauen kennzeichnet bisher eher erfolglose Menschen ihr meist viel zu hoher Anspruch bei gleichzeitiger Geringschätzung ihrer eigenen Qualifikationen. Sie wollen vielleicht nur »Spitzenleistungen« (sonst fangen sie erst gar nicht an!) und vergleichen sich mit »Olympiasiegern«, obgleich sie doch eigentlich nur das »Sportabzeichen« machen wollen …

Aber sie getrauen sich auch oft nicht, unter den Augen anderer Menschen (Chefs, Partner, Kinder, Nachbarn …) möglicherweise eine nicht perfekte Leistung abzugeben. Die vermeintlichen Ansprüche verschiedener Beziehungspartner lähmen sie (»Ich kann es nicht ertragen, wenn mir jemand beim Schreiben am PC über die Schulter schaut …«). Die dahinterliegenden perfektioni-

stischen Ansprüche sind häufig nur Schutzbehauptungen; sie werden vorgeschoben, um ja nicht erst den Versuch machen zu müssen. »Wer nicht arbeitet, kann keine Fehler machen …«, aber damit eben auch keinen Erfolg haben!

Es liegt ja zudem auch etwas »Unverschämtes« in der Annahme, man könne ohne große Übung, ohne systematisches Training gleich hervorragende Leistungen abgeben.

Ist insofern die »Leistungsverweigerung« – also die Erfolglosigkeit – nur ein Zeichen von »Faulheit und Überheblichkeit«?

Mangelnde Veränderungsbereitschaft

Menschen, die sich erfolglos erleben, sind oft von einer erheblichen geistigen und sozialen Unbeweglichkeit gekennzeichnet. Gar nicht oder aber viel zu spät reagieren sie auf Veränderungen ihrer Umwelt. Stets laufen sie ihrer Zeit hinterher. Sie halten ihre Festigkeit (man könnte auch gut Sturheit sagen) für Charakterstärke (»Das hab' ich noch nie anders gemacht …« – »Diese neuen Methoden mache ich nicht mehr mit« …).

Erfolgreiche Menschen wissen oder ahnen zumindest, was sich in ihrem Bereich tut. Sie wollen – ohne jede neue Modetorheit mitmachen zu müssen – auf dem laufenden sein und bleiben.

Sie werden – bildlich gesprochen – nicht ständig ihre gesamte Wohnzimmereinrichtung auswechseln, wenn sie etwas neu machen wollen. Aber sie werden sich wahrscheinlich bessere, umweltfreundlichere Lampen anschaffen und ab und zu die Tapete wechseln.
Am erfolgreichsten sind und erleben sich Menschen, wenn sie andere finden, die ihnen folgen. Dort, wo wir gute Modelle für andere, gerade auch jüngere Menschen sind, dürfen wir uns über Erfolge freuen.
L e r n b e r e i t s c h a f t ist auch eine gute Voraus-

setzung, um im zwischenmenschlichen Bereich »reich an Erfolgen« zu sein. In dem Moment, wo ich von einem anderen Menschen lernen will, ihn also zum Experten mache, entwickeln wir uns wechselseitig. Wer sich als wenig erfolgreich erlebt, versucht meist, seine Schwächen zu verbergen. (Und von seinen Stärken ist er sowieso nicht überzeugt!)

Veränderungen (bis hin zur wohnlichen und beruflichen Mobilität) machen unsicher – und »Erfolglose« wollen oft vor allem »betonierte Sicherheit«, statt ein kalkuliertes Risiko einzugehen. Lernen und verändern hat auch etwas mit Selbstvertrauen zu tun. Man ist ja manchmal erstaunt, wie einem »Flügel wachsen«, nachdem man erst einmal den »Sprung ins kalte Wasser« wirklich gewagt hat.

Fehlende menschlich-freundschaftliche Unterstützungssysteme

Erfolg hat man eben auch dann, wenn es andere so sehen und sagen. Das soll heißen, daß man manchmal Unterstützung oder zumindest wohlwollende Rückmeldung von anderen Menschen benötigt. Wir neigen ja dazu, bescheiden unsere eigene Leistung eher herunterzuspielen; und wir getrauen uns durch eine an der Selbstbescheidung orientierte Erziehung oft nicht zu fragen, wie ein bestimmter Auftritt oder eine Aktion »angekommen« sind. Wenn es dann keine positive Bestätigung gibt, neigt der Schüchterne zu der Überzeugung, daß sein Auftritt (heute sagt man: sein »standing«) nicht gut war … Und er nimmt es dann gleich für die ganze Person: Ich als Person bin nicht gut! Der Schüchterne, Gehemmte und Erfolglose ist oft sein eigener schärfster Kritiker.

Und es ist ja auch eine Gratwanderung: einerseits nicht stets auf die anderen zu schielen, ob und wie man gewirkt hat; andererseits aber doch auch – neben dem eigenen Empfinden – andere wohlwollend-kritische Menschen zu fragen, ob die Absicht, das Inhaltliche und auch die Form akzeptabel waren.
Gerade sprechgehemmte Menschen tun sich oft sehr schwer, vor einer Gruppe oder größeren Versammlungen zu sprechen. Sie tun es dann doch, wenn sie es aus irgendeinem Grund tun müssen – oft mit einem großen Charme und mit einer vorsichtigen Bestimmtheit. Sie erleben sich dabei selber als »scheußlich und stümperhaft« – wenn sie aber die echte Meinung anderer hören, neigen sie dazu, jedes Lob abzulehnen. Sie selbst machen sich ständig klein. Das ist Gift für das Selbstwertgefühl.

Es ist auch zu fragen, mit wem man sich vergleicht. Wenn man sich im Erfolg erleben will, muß man sich mit jenen vergleichen, die etwa gleichwertig sind. Und ich benötige Freunde und/oder Kollegen, die mir freundlich gesinnt sind und mir Mut machen, auch eine für mich (noch) schwierige Situation zu meistern. Vielen Künstlern und auch manchen Politikern gelingt es, sofort Beifall zu erzielen. Bei großen internationalen Werbeveranstaltungen gibt es professionelle Claqueure, die bestellt sind, um nach jedem Auftritt bzw. einer Präsentation das Publikum zu Beifallsstürmen mitzureißen. So weit muß man ja nicht gehen – aber die Idee, daß ein anderer anderswo gut über mich spricht, stärkt mein »Erfolgskonto«. (Und wenn man dann Tage später von Dritten hört: »Sie haben ja da neulich für die Firma tolle Pluspunkte geholt …«, dann freut das – und Freude ist für Erfolg wichtig.)

Gerade Menschen, die viel Routinearbeiten erledigen (Hausfrauen, Schalterbeamte, Sekretärinnen …), erfahren wenig Anerkennung. Ist aber nicht zu überlegen, wie gerade über die Routine hinaus ein »anderes« Verhalten zu Anerkennung, ja vielleicht sogar zur Bewunderung führen kann? Werden nicht jene besonders freundlichen oder kreativen »Routiniers« mit Worten (und manchmal »Trinkgeldern«!) belohnt?

Ja, erfolgreiche Menschen bekommen immer wieder von ihren Mitmenschen anerkennende Worte, Blicke und Gesten.
Um andere Menschen zu erreichen, muß ich eben genau etwas über deren Bedürfnis- und »Genuß«-Struktur kennen, um sie »mit Erfolg« beeinflussen zu können.

Faßt man die hier dargestellten Gedanken zusammen, wird man nicht umhinkönnen, den Menschen, die sich als eher erfolglos erleben, zu empfehlen:

– »Erkennt eure Blockierungen.«

– »Krempelt die Ärmel hoch, macht euch nützlich, bringt euch fachlich und menschlich in Schwung, seid attraktiv für andere Menschen, und nehmt euer Schicksal selber in die Hand, anstatt lamentierend in Selbstmitleid zu zerfließen.«

Wie das konkret geschehen kann, soll im folgenden Teil dargestellt werden.

ICH ARBEITE AN MEINEM ERFOLG

Es sind zwei größere Bereiche, die eng miteinander zusammenhängen, in denen wir unseren Erfolg systematisch auf- und ausbauen können. In jedem Fall ist allerdings eine Haltung aufzugeben, die beinhaltet, daß man – bildlich gesprochen – wie Dornröschen hinter der Dornenhecke schläft, bis man entdeckt und von einem Prinzen wachgeküßt wird …

Erfolgreiche Menschen, das gehört zur Definition, sind im aktiven Kontakt mit anderen Menschen. Sie werden von diesen auch als erfolgreich eingeschätzt. Und sie verfügen über ganz bestimmte Fertigkeiten und Fähigkeiten. Vor allem aber kommen sie mit sich selber gut zurecht. Davon soll der erste Abschnitt handeln. In einem zweiten Abschnitt wird es dann um die fachliche Kompetenz gehen.

Personale Kompetenz

Für besondere Leistungen scheint die gute Gesundheit gerade nicht Voraussetzung zu sein. Vielfache Beispiele aus Wissenschaft, Kunst und Kultur belegen, daß gerade kränkelnde, depressive und zutiefst unglückliche Menschen große Leistungen hervorgebracht haben. Fast

könnte man sagen, daß glückliche Menschen selten – im Sinne von beachtenswerten Leistungen – besonders positiv waren.

Trotzdem neige ich dazu, den gesunden Organismus und die Funktionstüchtigkeit der wichtigsten Sinne als Grundlage allen menschlichen Erfolgs zu betrachten. Wer zuviel Aufmerksamkeit auf seinen morbiden Körper verwenden muß, hat kaum Chancen, über sich hinauszuwachsen. Wer jedoch spielerisch über seinen Körper verfügen kann oder ihn als gar nicht so wichtig ansieht, hat geistige Kräfte frei.

Viel bedeutsamer ist die innere Überzeugung. Das, was wir glauben, wird Wirklichkeit. Die sich selbst erfüllende Prophezeihung ist hinsichtlich ihrer Auswirkungen auf Erfolg sehr gut erforscht: Wie uns negative Erwartungen, Zweifel und Einschätzungen »nach unten ziehen«, senken sich positiv-realistische Vorstellungen und Hoffnungen tief in unser Unterbewußtsein und entwickeln hier auf dem Grund der Persönlichkeit eine ungeheure Kraft in Richtung Ziel.

Erfolgreiche Menschen glauben an sich, ihr Werk und ihren Wert (das kann bis zur Besessenheit führen). Sie haben eine überwiegend positive Sicht ihrer selbst (das kann bis zu einem

Verhalten führen, das andere als überheblich und arrogant bezeichnen).

Im zwischenmenschlichen Bereich sind Erfolgreiche unterschiedlich einzuschätzen: Einerseits sind sie kommunikativ und anderen Menschen zugewandt – und andererseits findet man wahre »Ekelpakete« unter ihnen; dann wirken sie kalt und zuweilen überheblich. Immer scheinen sie auf andere Menschen Eindruck gemacht und Einfluß ausgeübt zu haben. In unserer Gesellschaft werden – noch – vor allem Männer in diese Rolle gebracht; sie sind auch in den Lexika der Menschheitsgeschichte sehr stark repräsentiert.

Da Erfolg eben auch von anderen »zugesprochen« wird, ist es bedeutsam, mit anderen (wichtigen) Menschen Kontakt zu halten. Wer sich nur den Erwartungen anderer gemäß verhält, wird selten über ein mittleres Maß von Bedeutung hinauswachsen. Erfolgreiche Menschen können und wollen Wagnisse eingehen. Probierend lernen sie. Der Mut, auch Unkonventionelles zu tun, bringt ihnen wenigstens Aufmerksamkeit. (Gehen Sie also auf sympathische Menschen zu, laden Sie jemand zum gemeinsamen Spaziergang ein, lassen Sie sich von anderen deren besondere Lebensereignisse berichten …) Immer dort, wo man sich traut, die Trampelpfade der

Masse zu verlassen, besteht die Wahrscheinlichkeit, daß man auch als Person gefordert ist und sich somit auch selber fördert. Wer sich allerdings zu weit vom normalen Verhalten wegbegibt, läuft Gefahr, als Außenseiter abgestempelt zu werden.

Wenn das Andersartige einerseits Aufmerksamkeit bewirkt, muß Talent bzw. bewundernde Anerkennung von anderen Menschen hinzukommen, um Erfolg zu ermöglichen. Die Produkte bzw. die Leistungen eines Menschen müssen bemerkt, registriert und von – ihm wichtigen – Menschen akzeptiert werden. (Natürlich gibt es in der Historie Beispiele für überaus »erfolgreiche« Menschen, die bzw. deren Werke in ihrem

Wert erst lange nach ihrem Tod »entdeckt« wurden. Zu Lebzeiten waren sie aber unglücklich und vegetierten oft in kümmerlichen Verhältnissen.)

Professionelle Manager managen oft die zuweilen eher dürftigen Leistungen von sogenannten Künstlern medienwirksam – und sorgen für Umsatz. Daneben »krabbeln« wirklich hochtalentierte, aber eher publikumsscheue Menschen in den Grauzonen der Gesellschaft herum. Wie wollen Sie's handhaben?

Es gehört also auch ein gewisses Maß an persönlicher »Ö f f e n t l i c h k e i t s a r b e i t« dazu, um als erfolgreich zu gelten. Auf der privaten

Ebene heißt das, daß man »Gutes tut und darüber reden muß«, denn im stillen Kämmerlein gibt es kein Echo …

Erfolgreiche Menschen bleiben – bei allem Erfolg – für ihre Mitmenschen menschlich. Sie erreichen die Gefühlswelt der sie umgebenden Menschen. (Dabei dürfen ruhig Mißgeschicke oder ergötzliche Skandale dabeisein.) Wo sie – wie Politiker, früher Kriegsherren, Erfinder und Eroberer – sogar noch etwas Geheimnisvolles behalten oder etwas »Unheimliches« an sich haben, sind sie sehr schnell Kristallisationspunkte für Mythenbildungen. So betrachtet sind Erfolg, Anerkennung und in der bedeutendsten Form der Ruhm immer auch ein Sozialprodukt.

Erfolgreiche Menschen können sich in ihrer inneren und äußeren Erscheinungsform annehmen. Sie nörgeln nicht an unabänderlichen Äußerlichkeiten herum. Sie pflegen sich in ihrer Erscheinung und kultivieren ihre Eigenarten. Und sie können eben auch Zeiten des Verlustes und des Schmerzes gewinnbringend für ihre Entwicklung in ihre Biographie einbauen.

Wer erfolgreich sein will, muß die Realität und die Illusion gleichermaßen »beherrschen«; er muß die Gegenwart wie die Zukunft gleichermaßen wollen – und er muß seine Endlichkeit akzeptieren. (Wer immer nur Angst vor seinem möglichen Ende hat, wird verzweifeln und vor Angst seinen Lebens- und Genußraum immer mehr einengen.)

Viele Menschen, die man umgangssprachlich als »graue Mäuse« bezeichnen würde, gewinnen sofort durch »mehr Farbe« mehr Farbe. Oft muß am altgewordenen Putz geklopft werden, um die schönen Strukturen dahinter freizulegen. Kennen wir das nicht bei vielen renovierten Häusern, die uns so vorkommen, als hätten wir sie nie gesehen, obgleich sie dort schon seit vielen Jahrzehnten stehen?

Menschen benötigen zuweilen diesen seelisch-lebensphilosophischen »Check-up«, diese Erneuerung von stumpf gewordenen Gewöhnlichkeiten, dieses Überlackieren von blaß gewordenen Kontrasten.
Dies geschieht üblicherweise durch die Be-Sinnung auf das Wesentliche. Wer ziellos nur den vielen kleinen Tagesbeschäftigungen nachgeht, vielleicht sogar noch unter Zeitdruck, mag vielleicht bei irgendeiner Sache Erfolg haben; aber er wird nicht als Mensch erfolgreich sein.

Dort, wo man sein Leben selber (mit-)gestaltet, wächst auch die Verantwortung für diesen Prozeß, den wir Leben nennen. So wird ein erfolgreicher Mensch sich selber selten als Opfer der Umstände oder seiner (schlechten?) Vergangenheit erleben, sondern stets aktiv Handelnder sein.

Die personale Kompetenz fließt wohl als Erfolg in der Selbstakzeptanz und dem fachlichen Können zusammen. Dabei kann vieles, was hier der fachlichen Kompetenz zugerechnet wird, auch den persönlichen Fähigkeiten zugesprochen werden.

Fachliche Kompetenz

Wie bei den »Erfolgs-Hintergründen« bereits angesprochen, müssen Erfolgreiche auf ein Ziel hinarbeiten oder -leben. Dieses Ziel sollte gerade noch erreichbar – und positiv besetzt sein. Bis in die Formulierung hinein ist viel Mühe darauf zu verwenden, wie das Ziel wirklich heißt. Menschen mit wenig Erfolg (und vielen Frustrationen) haben meistens ihre Ziele nicht klar oder aber negativ formuliert. »Ich will einmal reich sein.« »Ich will nicht immer so schnell aufbrausen.« Richtig müßte es heißen: »Ich möchte mir jeden Monat und damit jedes Jahr so und so viel zurücklegen und das Geld anlegen, um dann in 15 Jahren …« Oder: »Ich sehe mich genau vor mir, wie ich in diesen konkreten Situationen ganz ruhig und gelassen reagiere.«
Es genügt also nicht, ein positiv-realistisches Ziel

zu formulieren. Man muß neben der Formulierung einen festen Willen und eine – über viele Sinne getragene – Vorstellung haben. Wenn ich mich im Erfolg vorstellen kann, wenn ich eben ein klares Bild, ein Empfinden von mir habe, wie und in welcher Situation ich erfolgreich bin, dringt diese Vorstellung in mein Unterbewußtes ein. Immer wieder mache ich mir klar, daß ich »es« erreichen kann – und dann muß ich die Rahmenbedingungen so optimal wie möglich gestalten. Was heißt das?

Energie konzentrieren

Wer etwas erreichen will, wer »gut ankommen will«, muß investieren. Als erstes sollte man gern tun, was man tut. Freude und Begeisterung sind das Hauptantriebselement für Erfolg. (Und man ist oft überrascht, wie einfach vieles gelingt, wenn man nur begeistert ist.) Wer sich klar für etwas entschieden hat, merkt auch plötzlich, wie sich ihm Türen und Wege öffnen. Jeder spürt: Hier ist jemand, der weiß, was er will.

Menschen, die Erfolg wollen, können auswählen; sie sind in der Lage, die vielen Kleinaktivitäten bzw. Nebenablenkungen so gut wie völlig auszuschalten. Es ist eine Kunst (die wieder zunehmend gepflegt werden sollte), sich zu konzentrieren. Wir alle haben nur ein bestimmtes Maß an seelischer Energie zur Verfügung. Je mehr wir davon auf unsere Ziele vereinen können, um so besser (Energie kann auch Zeit oder Geld, Reserven oder Gesundheit, Liebe oder Ehrgeiz sein). Sich einerseits nicht ablenken lassen und andererseits alles aufnehmen können, was einem kreativen Prozeß nützlich ist (also alle Anregungen, Beobachtungen, Erfahrungen) – das führt zu einer Energie-Fokussierung: Wie unter einem Brennglas sammelt sich alle Energie in einem Punkt. Dort bin ich mit meiner Absicht, mit meinem Plan.

Wenn sich z. B. jemand selbständig machen will, wird er alle (!) eingehenden Informationen unter dem Blickwinkel dieser Entscheidung betrachten – er wird aber nicht gleichzeitig Energie investieren, um in dem Betrieb, in dem er jetzt arbeitet, noch Karriere zu machen. Er wird nicht unklar formulierten Träumen nachlaufen, sondern systematisch klare Ziele verfolgen und mit aller Kraft verwirklichen.

Ökonomie

Wenn man sich klar für ein (Fern-)Ziel entschieden hat, sollte man (fast) jeden Schritt, jede Maßnahme darauf verwenden, dem Ziel näher zu kommen. Wer sich also z. B. besser konzentrieren möchte, kann das täglich überall proben und einüben: den Nachrichten zuhören und das Wesentliche wiedergeben; aus den vielen Geräuschen bei einem Spaziergang schwerpunktmäßig nur den Wind heraushören; in der Straßenbahn sich geistig einer Rechen- oder Zeichenaufgabe widmen, ohne sich vom Reden der anderen Menschen ablenken zu lassen. Vielleicht kann er einen Kurs zum Erlernen von Konzentrationstechniken besuchen.

Effiziente »Arbeiter« machen, wenn sie denn etwas tun, das auch r i c h t i g : mit dem angemessenen Handwerkszeug zur besten Tages- oder Jahreszeit; eben unter den optimalen Bedingungen. Gute Ideen, Formulierungen, »Geistesblitze« müssen rasch notiert werden, bevor sie sich – meist schon nach Minuten oder spätestens nach einem anderen Ereignis – zu Erinnerungsstaub verflüchtigen.

Wer Pinienkerne sammeln will, sollte vielleicht nicht in erster Linie einzelne Kerne im Staub aufsammeln, sondern reife Zapfen ernten, die er sehr rasch ausschütteln kann …

Das richtige Einteilen der Kraft (der Zeit, des Trinkwassers, der Nahrungsmittel …) ist eine Kunst, die wir eben nicht nur bei Spitzensportlern beobachten können – jede Leistung, jedes Bemühen hat ein ökonomisches Fundament, und der Meister weiß mit Verstand darauf zu bauen. Fast mühelos und spielerisch scheint ihm alles zu gelingen. Er ist erfolgreich.

Disziplin

Denker, Lenker, Forscher und Erfinder sind oft durch eine hohe Arbeitsdisziplin gekennzeichnet. Den wenigsten Erfolgreichen fällt alles nur so zu. Sie haben oft mit großer Geduld, über lange Zeit hinweg und mit erheblichem Fleiß an der Verwirklichung ihrer Ziele und Werke gearbeitet. Bergsteiger und Sporttaucher müssen hoch diszipliniert sein, um ihre Ausgangspunkte danach wieder gut zu erreichen. Gerade wer wenig Zeit und nur (noch) mäßige Kraft besitzt, muß diszipliniert sein, um den Erfolg zu sichern. Viele kleine, scheinbar unbedeutende Schritte – wobei der erste der wichtigste ist – machen den Weg zum Erfolg aus.

Disziplin heißt aber auch Regelmäßigkeit und Gewöhnung, Routine und Pünktlichkeit, Verläßlichkeit und Gleichmaß. Dem großen Erfinder Th. A. Edison wird der Satz nachgesagt: »Genie ist zu 99 Prozent Transpiration und zu einem Prozent Inspiration.«

Wer Erfolg haben will, muß die Folgen seines Handelns (oder Nichthandelns) möglichst gut vorher bedenken. Erfolg folgt den Folgen!

Sensitivität

Wer erfolgreich sein will, muß ein gutes Empfinden für Menschen und Situationen haben, sich einfühlen können ist eine Gabe von Erfolgreichen. Damit ist nicht nur die mögliche Wirkung, die sie erreichen, gemeint, sondern eher die Fähigkeit, sich hinzugeben, sich auf etwas völlig einzulassen.

Erfolgreiche lösen sich – bei aller Disziplin – oft von gewohnten Pfaden; in rauschhaften Zuständen geben sie sich ihrer Aufgabe, ihrem Ziel hin. Deshalb müssen sie nicht den Sinn für die Realität verlieren – aber eine vorübergehende »Besessenheit« bringt sie zu großen Leistungen. Wer erfolgreich sein will, muß – wie oben angesprochen – begeisterungsfähig sein. Begeisterung mobilisiert ungeheure Kräfte – und sie steckt an.

Zusammen mit einem guten Einfühlungsvermögen gelingt es, Menschen zu beeinflussen. Und es ist mit der größte Erfolg, andere Menschen sanft zu führen. Dazu muß man i h r e momentane Befindlichkeit gut kennen.

Wertmäßige Eingebundenheit

Die sogenannten Großen der Weltgeschichte waren oft ausgesprochen »unmoralisch« und menschenverachtend.

Der »normale« Mensch, der im lebendigen Verbund mit seinen Mitmenschen erfolgreich ist, hat einen klaren Wertekatalog, den er auch befolgt. Oft sind solche Menschen eingebunden in ein »größeres System«, ohne sektiererisch abhängig und radikal zu werden. (Alle großen Demagogen

und Meinungsführer neigten früher oder später zum Radikalismus.) Sie sind damit berechenbar, verfügen über einen Persönlichkeitskern und sind selber Modelle für Anstand und Fairneß. Denn Menschen, wenn sie denn vernünftig sind, honorieren langfristig Moralität und Verläßlichkeit. Ein erfolgreicher Mensch ist also berechenbar und orientiert sich an – auch anderen zugänglich gemachten – Werten.

Seine Sache verstehen

Erfolgreiche Menschen ziehen einen wesentlichen Teil ihres ausgeprägten Selbstwertgefühls aus ihrem Können. Irgend etwas können sie besonders gut – und durch irgend etwas haben sie eine hohe Attraktivität bei ihren Mitmenschen.

Wir sind zwar gewohnt, uns vor allem durch unseren Beruf zu definieren, aber zunehmend – durch die Umbewertung der Arbeit – werden Hobbys und Nebentätigkeiten bedeutsamer für das Selbstbewußtsein. Ob nun ein Mensch besonders gut schreinern oder backen kann, ob er Musik macht oder anderen Menschen hilft, ob er Reisen oder Feste planen oder schauspielern oder Orchideen züchten kann – alles wird seiner persönlichen und sozialen Kompetenz dienen.

Immer dann, wenn jemand »seine Sache« gut versteht, wird er interessant. Wenn er seine Kompetenz anbietet und nicht aufnötigt, wird er sogar geschätzt. Und wenn er andern hilft, ihrerseits kompetenter zu werden, wird er vielleicht sogar geliebt.

In der Psychotherapie empfehlen wir immer wieder, daß sich Menschen »ein Feld« suchen sollen, auf dem sie – ihren Talenten und Neigungen gemäß – »ackern« sollen, um Ernte einzufahren. Viele Erfolglose sind nämlich auch faul und träge, sie scheuen Mühe und Anstrengung; oder sie glauben einfach, zu nichts talentiert zu sein. Erfolgreiche Menschen hören nie auf zu lernen. Wenn sie irgendwo Meister geworden sind, werden sie in der nächsten Sache wieder »Lehrling«.

GIBT ES REGELN?

Da Erfolg etwas Individuelles ist, sind auch die Wege dorthin unterschiedlich. Die in diesem Buch vorgestellten Regeln mögen als Orientierungshilfe im ja teilweise durchaus schwierigen Gelände anzusehen sein:

– Erfolg muß man wollen.
– Erfolg kommt von innen.
– Erfolg bei einer Unternehmung haben ist nicht identisch mit dem, was einen Menschen als Persönlichkeit erfolgreich sein läßt.
– Erfolg ist in den meisten Fällen planbar; eine klare Zielvorstellung und Kräftekonzentration sind unabdingbare Voraussetzungen.
– Innere Überzeugung führt zu einer Ausstrahlung, die erfolgreich sein läßt.
– Erfolg setzt Arbeit voraus, dazu sind u. a. Disziplin, Fleiß und Kompetenz nötig.
– Erfolg ist ein sozial-psychologisches Produkt, deshalb legen Erfolgreiche viel Wert auf gute zwischenmenschliche Beziehungen.
– Erfolg ist »eingebunden« in ein Wertesystem, das für andere Menschen nachvollziehbar ist.

RESÜMEE

Wenn die Gedanken noch einmal zusammengefaßt werden sollen, könnte man sagen, daß ERFOLG das ist, was folgt, was also auf irgendeine vorherige Leistung erfolgt. Wir leben alle, tun (oder lassen) alle etwas – und hoffen auf gute Folgen! Reiche Folgen sind das Ergebnis von Zielen, die wir erreicht haben. Wer ziellos ist, ähnelt einem Korken auf dem Meer: Es bleibt zufällig, wohin er gespült wird.

Erfolgreiche Menschen sind aktive Menschen, die in ihrem Tun Sinn spüren oder wissen. Und sie stehen in guter Verbindung zu anderen Menschen – heute muß man wohl in sehr vielen Fällen bereit sein, im Team erfolgreich zu sein. Und da fügen wir – über eine Zusammenfassung hinaus – einen weiteren Gedanken hinzu: Erfolgreich ist man, wenn man auch andere zum Erfolg (ver-)führt! So sehr Erfolg etwas Individuelles ist, so sehr sind wir heute auch darauf angewiesen, daß verschiedene Menschen bzw. Fachleute zusammenwirken, um in unserer hochkomplizierten Welt gemeinsam erfolgreich zu sein.